Meine Fastnachtsvorträge

Gesammelte Vorträge aus den Jahren 1980 bis 1987, vorgetragen im
Horchheimer Sportheim bzw. im Straßenneubauamt Worms.

Vorwort

Geachtet wer die Welt erklärt,
Freude bringt wer Lachen mehrt.

Walter Denschlag   30.11.2015

Meine Fastnachtsvorträge

Acht Mundartvorträge
von
Walter Denschlag

Buchcover: Robert Denschlag
Elektronische Verarbeitung: Petra & Robert Denschlag
Korrektur: Robert Denschlag

Herstellung und Verlag: BoD - Books on Demand,
Norderstedt

ISBN: 9783739215983

**Bibliografische Information der Deutschen -
Nationalbibliothek**

Die Deutsche Nationalbibliothek verzeichnet diese
Publikation in der Deutschen Nationalbibliografie;
detaillierte bibliografische Daten sind im Internet über
dnb.d-nb.de abrufbar.

Inhaltsverzeichnis:

Die Außendienstfahrt (1980)

Kurz vor Mainz und längs am Rhein

sollt eine Straß gestern bereits fertig schon sein.

Der Termin, der war zwingend,

die Auß-dienstfahrt dringend.

Drum geh ich gegenüber ins Zimmer hinein,

und trage mich für die Dienstfahrt dort ein.

Und dass man allein übers Gelände nicht fällt

und einen auch hat, der das Bandmaß mal hält,

hat ein Kolleg sich dazu noch gesellt.

Jetzt sind wir zu zweit, dann später zur dritt,

da fährt auch noch einer vom Grunderwerb mit.

Doch uns drei, die lässt man gern nicht allein,

drum zwängt ein Beamter in die Dienstfahrt noch rein.

Der muss mit der halb Welt noch telefoniere,

muss Termin einfädle und umdisponiere.

Ein Stund wart mir jetzt, 9 Uhr ist vorbei,

die Bein stehn wir uns in den Bauch bald enei.

Doch endlich nach zwei Stunde um zehn,

sieht man ihn endlich zur Tür heraus gehen.

Es hat halt ein bis'chen länger gedauert,

ich hoffe, ihr seid dabei nicht versauert.

Ich steige beim Fahrer vorne jetzt ein

und ihr drei, ihr setzt euch hinten dann rein.

In die entstehende hintere Enge

such ich vergeblich hinein mich zu zwänge.

Ich lass mich mit Schwung auf den Rücksitz drumm falle,

da hört ich's auch schon auf der andren Seite knalle.

Von mei'm Schwung fällt der Äußerst zu Tür da hinaus,

und ein paar Kollegen die klatschen von oben Applaus.

Im Aufstehen sagt der dann noch ganz betroffe,

was ist dann passiert, hab 5 Schnäpps erst gesoffe.

Und von dene wird einer wie ich nicht besoffe.

Nochmal steigen wir ein, es macht wirklich kein Spaß,

wir sitzen da drinn wie die Hering im Fass.

Um viertel nach zehn da fahren wir los,

in Richtung nach Mainz hinaus auf die Stroß.

Ich wird jetzt ganz ängstlich und Furcht tut mich packe,

was tut denn im Auto so komisch do knacke.

Mensch, sagt dann der Fahrer, seid ihr dann noch klor,

ihr dahinten müsst schnaufe wie ein Zweitacktmotor.

Wann einer schnauft ein, schnaufen die andre zwei aus,

sonst drück ihr mir doch die Karosserie seitlich raus.

Die Fahrt ging schnell weiter,

das Wetter war heiter.

Nach vorne konnt ich zwar gar nichts erblicke,

die Sicht war versperrt von'me Beamtenrücken.

Jetzt seh ich auch seitlich nichts mehr von dem Rhein,

fahr langsam, wir fahrn in den Nebel hinein.

Da wird ich zum zweiten mal angepfiffe,

hast Du beim Lernen denn gar nichts begrifffe.

Muss man Dir denn alles sage, euer Mief hat doch blos die Scheibe
beschlage.

8

Wenn man die Luft von euch do jetzt schneide täte,

gäben das lauter Mainzer-Harzer Ersatzspezialitäte.

Da könnte man kräftig im Käs-Geschäft mitmenge,

und den Beruf könnt an den Nagel man hänge.

Ihr Manne, jetzt hört mir mal zu, sagt der dann von vorne.

Wir fahren zuerst nach Mainz jetzt hinei,

ich muss da vorbei bei der Verkehrspolizei.

Ich tu mich auch eile, ich tu mich schon spute,

es dauert höchsten 10-15 Minute.

Dazu muss man jetzt sagen ihr Leit,

manche haben ne andere Zeit.

Dene ihr Uhre gehen langsamer rum,

was bei dene 5 Minute ist bei uns eine gute Stunn.

Aus dem Verkehrspolizeihaus kam der nach zwei Stund erst wieder
heraus.

Die Mittagszeit war zu der Zeit fast aus.

Der Magen, der hängt uns unter de Knie.

So schnell wie der Hund gaazt zur Wirtschaft jetzt hie.

Als wir dort sitzen zum kräftigen Schmaus

packt einer von uns sei Esskann dann aus.

So schnell warn wir aus keiner Wirtschaft noch draus.

Wir flogen da raus wie dumme Idiote,

und die Wirtschaft, die wurd uns auf Lebzeit verbote.

Denn mit der Esskann will ich nicht benenne,

sonst heißt's, der tut über Beamte bloß schenne.

In einem Großmarkt sind wir dann eingekehrt,

haben dort ein dünnes, warm Süppche verzehrt.

9

Um das war'n wir dann letztlich noch froh,

wir kamen zu spät, es war sonst nichts mehr do.

Um vier kamen wir endlich zur Baustell dann hin,

Jetzt noch was zu tun hat wirlich kein Sinn.

Man sieht's, das Gelände ist bretteleben,

ein paar Bäume stehn drinn und auch ein paar Reeben.

Das andere lesen wir dann zu Haus,

aus Ossis baureife Pläne dann raus.

Jetzt sagt der vom Grunderwerb auch mal ein Wort,

wir müssen uns eile, wir müssen jetzt fort.

Wir müssen jetzt fahr'n zu'me Kuhbauenrort.

Um fünf ist ein Auto für mich bereit gestellt,

da kommen nämlich die Bauern vom Feld.

Ich muss zu dene Bauern dann fahre und laufe

und denen preiswert Äcker abkaufe.

Die Bauern, die hat der vergeblich gesucht,

die hatten ne Herrnreis nach Bangkok gebucht.

Die tun übers Neueste sich dort informiere,

tun praktische Biologie dazu noch studiere.

Gegen künstlich Besamen da hätte die was,

das macht nämlich den Tiere kein Spaß,

und davon würde dann auf die Dauer,

dene vom melke die Milch vielleicht sauer.

So haben uns dene ihr Fraue gesaht

und wir warn am Ende unserer Dienstfahrt.

In Oppenheim kehrten nochmals ein,

tranken dort einige Gläselchen Wein.

Haben uns gar nicht geniert,

Witze erzählt, aber auch fachliche Gespräche geführt.

In Worms war'n wir dann kurz nach der Acht.

Da haben wir für uns dann gedacht,

hauptsächlich haben wir heute Spesen gemacht.

Die Qualität eines Amtes, man darf's nicht vergessen,

wird an der Höhe der Ausgaben gemessen.

Je mehr das gibt in einem Jahr aus,

um so besser sieht das nach außen hin aus.

Zum Schluss noch bemerkt, das ist doch klar,

dass dies eine erfundene Geschichte war.

Ich spreche mit Böll jetzt dem Gescheiten,

Ähnlichkeiten mit Kollegen waren nicht beabsichtigt

doch vielleicht nicht zu vermeiden.

Helau!

(vorgetragen im Straßenneubauamt Worms)

Fastnachtsvortrag 1981

Elf ist die Zahl der Narretei.

Elf Jahre ist's schon längst vorbei,

seitdem ich verheirat bin.

Die Zeit ist rum.

Die Zeit ist hin.

Was war ich als für'n strammer Bursch,

war bekannt im ganzen Land.

Die Mädchen sind mir nachgerannt.

Hat ein Charm wie ein Filmstar,

war begehrt, das ist mein Ernst,

damals war ich da fast der Schönst.

Damals hab ich, ich sag's ganz offen,

mich selber in Höchstform fast noch übertroffen.

In meinem Tagebuch kann man's nachlese,

war ständig auf der Flucht gewese,

vor denne weibliche Wese,

denn bei all meiner Kraft,

so viele hätt ich halt doch net geschafft.

Die Zeit ist damals zu End gegange,

als die Martha, mei Fraa, mich hat eingefange.

In der Pauluskirch ging's zum Traualtar,

sie sagt do gleich zweimal: ja, ja,

mit glücklich, zufrieden, lächelndem Gesicht,

und mich hat's jetzt lebenslang erwischt.

Nachdem ein paar Tage warn vorbei,

begann der Ehe allerlei.

Du, sagt sie, jetzt hör e'mal Babbe,

ich mein, du brauchst ein paar warme Schlappe.

Ja, sagt ich ganz harmlos, von mir aus ja,

zwei Tage später war'n die da.

Aller schlupf nei und nicht geniert,

die werden jetzt gleich mal anprobiert.

Das muss man dene Schlappe lasse,

zu deiner Figur tun die ganz prima passe.

Bevor du jetzt gehst hinein als ins Haus,

ziehst du sie mir an und bloß net mehr aus.

Die alte Bolleschuh müssen ins Eck,

mit denen machst du dohin zu viel Dreck.

Drei Tag hab ich mich gewehrt, hab geschelt,

dann war ich ihr Pantoffelheld.

Doch's Leben ging weiter,

vorerst froh und auch heiter.

Dann haben mich ganz ungewollt,

die Ereignisse fast total überrollt,

die brachten mich zur Verzweiflung schier,

zuerst hat ich Eine, zwei Jahr später warn's dann Vier.

Mich hat keiner aufgeklärt,

dass eine Frau sich so schnell fast von selbst vermehrt.

Beim Schmitt Georg von Weinsheim bei'me Glas Bier,

da sagte ein Kollege zu mir,

wärst den Mädchen als nicht davon gerennt,

häst du's jetzt nich mehr so gut gekönnt.

Das hast du jetzt von deinen Bosse,

hast früher zu wenig Pulver verschosse.

Ein andrer meint:

Tu dich doch nicht so arich eile,

und hab doch ein klein bisschen mehr Weile,

hab doch keine Angst, es bleibt in Mode,

die Sach, die wird noch längst nicht verbote.

Ein Dritter hat gesagt:

Man sieht von der Sach hast du kein blassen Dunst,

mache, und keine kriegen ist dabei hoch Kunst.

Meine Frau sagt:

Ich mein, es tät mal lange,

du solltest mald endlich was andres anfange.

Du gehörst mal in die frische Luft hinaus,

das Best ist, du bauest uns in Horchheim ein Haus.

Drei Jahr hab ich geschafft und geschufftet,

hab Beton un Hohlblockstein hochgewuchtet.

Zwölf Pfund hab dabei abgenumme,

und Nachwuchs ist in der Zeit dann keiner mehr kumme.

Auch im neuen Haus hat mei Fraa dann die Macht übernumme,

in der sozial Rangfolg rutschte ich immer weiter noch unne.

Mei drei Töchter – damals schon aufgeklärt – die wusstens:

Eine Mutter ist alles, ein Vatter die Hälfte bloß wert.

Der hat bloß zu sorge für's nötige Geld,

ansonst ist der die unötigst Sach von der Welt.

Nachdem ich nun einige Jahr hat Ruh,

sagt dann mei Fraa, jetzt hör mir mol zu,

zu denne drei Mädchen gehört noch ein Bu.

Ich sagt, der Gedanke ist gar nicht so übel,

doch das sind – mein ich – zwei Paar Stiefel:

wolle und könne!

Dazu muss ich mir erst Urlaub nämme.

Als die Berge warn abgeeist,

sind wir in den Allgäu dann hingereist.

Dort hab ich gelebt wie ein junger Hund,

hab mich als tagelang nur noch gesunnt,

hab gegesse, das Beste war gerade noch gut,

hab mich für die Sache gut ausgeruht,

hab Bild und Sternzeitung drauf hin studiert,

damit mir der Bursch auch bloß nicht falliert.

Zum Glück brach mein dritter Frühling grad aus,

so brachten wir den Bub vom Allgäu nach Haus.

Im September hatten wir ihn dort bestellt,

im Mai kam er gesunt in Worms auf die Welt.

Damals war ich auf Buben so trainiert,

dass ich sagen konnt ganz ungeniert:

Wenn einem trotz Mühe ein Bub tut nicht glücke,

braucht der mir dann bloß mal sei Fraa herzuschicke.

Ich übernehm die Garantie mit Schein,

ein Beamter nimmts ab und trägts auch noch ein.

Doch dass niemann sich gibt falscher Hoffnungen hin,

heut ist das bei mir schön längst nicht mehr drinn.

Von wegen, dritter Frühlingssaft,

heut hab ich nicht mehr soviel Kraft.

Das Haus, das ich dann nochmals gebaut,

hat mir die letzten Reserve geklaut.

Mich tun heut kei Mädcher mehr drücke,

mich tut höchsten der Ichias mol zwicke.

Von meine letzte 7-8 Hoor,

hab ich jetzt auch die Hälft fast verlor.

Jetzt steh ich do, bin nicht mehr der Jüngst,

bin ausgelaucht wie'n Beamter vom Dienst.

Ich mein alsmal manchmal, und das ist kein Spaß,

ich mein alsmal manchmal – da war doch noch was –

Ich sags, es ist kein Papperlapapp,

der Lack ist unten, der Lack ist ab.

Jetzt gönnt mir wenigsten ein bißchen Applaus,

ich bin fertig, mein Vortrag ist aus.

Helau!

(vorgetragen im Horchheimer Sportheim)

Fastnachtsvortrag 1982

Hätt ich's so schää bloß wie mei Fraa

ihr liebe Leit, ich könnts euch saa,

den Himmel hätt ich da auf Erden,

hätte niemals Ärger do,

zufrieden wär ich, glücklich, froh,

auf ewig wollt ich's hier dann treibe,

es Jenseits könnt mit gestohle bleibe,

des überließ ich ohne Neid,

denne brave Pfarresleit.

Hätt ich's so schää wie mei Fraa

ihr liebe Leit, ich könnts euch saa.

Ich wär ne Sie und nicht mehr Einer,

daheim nicht mehr der Abfalleimer,

müsst ihre angebrannte Sache

nicht mehr in mich rein da mache

und auch die lebsch sind und versaltze

nicht mehr in mich rein zur halse,

könnt do auf mei Figur verweise

und alles was mir tät nicht schmecke,

müsst sie als dann hinunterschlecke.

Zum Kaffee dann in's Valtins Gahne

holt ich zum schmuckle mir als Sahne

und mit de schöne Nachbarsfraue,

tät ich dazu die Törtcher kaue.

Hätt ich's so schää blos wie mei Fraa,

ihr liebe Leit, ich könnt euch saa,

dann dürft ich die Kinder kriege,

dürft eine Woch im Bett als liege,

in dem Krankenhaus der Stadt,

zufrieden dort, glücklich und satt.

Um mich liebe Schwestern nur,

schöner wär's, als dreimal Kur.

Was fehlt dann wieder, nach als fülle,

in mein durstig Magen rein,

Sekt und guten Moselwein.

Wie sie mir gsagt soll Sekt und Wein,

für Milch nämlich es Beste sein.

Hätt ich's so schää bloß wie mei Fraa,

ihr liebe Leit, ich könnt's euch saa.

Bräucht nimmermehr die vielen Stunde,

auf Händ zu tra die vielen Pfunde.

Nach oben könnt ich mich entfalte

Mei Wachstum wär nie aufgehalte.

Es Gewicht von meiner Kinner Mamme,

des drückt mich halt doch ziemlich zamme.

Denn jedes ihrer vielen Pfunde,

das zusätzlich ihr Figur gewürzt

hat mich um Fingerbreit verkürzt.

Wär ich von dieser Last befreit,

mit mir ging's aufwärts, liebe Leit,

und ich sag's, ohn dass ich spinn,

zwei Meter wärn bei mir schon drinn.

Und ich könnt, ich mach kei Fugge,

manch langem auf den Kopp als spucke.

Hätt ich's so schää bloß wie mei Fraa,

ihr liebe Leit, ich könnt's euch saa.

Schon von aller Anfang do,

lief sie mir und net ich ihr no.

Ich hätt dann daheim das sage,

bräuchte niemals mehr zu frage,

bei meiner Fraa, dem gute Stück,

ob ich darf zur Singstund mit.

Ich könnte dann dahcim entscheide,

anstell von meiner Fraa der Gscheite.

Könnt Urlaubspläne dann als schmiede

ob's gen Norde, oder Süde.

Und wo immer ich wollt hie,

endlich könnt ich nach Bangkok flieh.

Dort würden, pfeifts von Dächern runter,

müde wie ich, als wieder munter.

Hätt ich's so schää bloß wie mei Fraa,

ihr liebe Leit, ich könnts euch saa.

Müsst ich als nicht, ihr dürft nicht lache,

allmonatlich ein Kopfstand mache,

bis das von mir verdiente Geld,

aus allen Taschen mir dann fällt.

Ich könnt mein Taschengeld aufstocke,

könnt auch mal in're Wirtschaft hocke.

Anstatt dem Kleingeld als von ihr,

hätt ich ein Geldschein dann bei mir.

Wüsst endlich und das sag ich hier,

wie schmeckt ein zweites Glas voll Bier.

Könnt mich emal sogar vergesse

und zu dem Bier a Bockwurst esse.

Könnt mir dann schöne Kleider kaafe

müsst nicht mehr arm dann rum als laafe.

Ein Pelzmantel hätt ich dann auch,

statt bloß paar Hoor auf meinem Bauch.

Ein neuer Hut wär auf mein Kopp,

wär nimmermehr der arme Tropp.

Hätt ich's so schää bloß wie mei Fraa,

ihr liebe Leit, ich könnts euch saa.

Würd sie mich nimmer so als quäle,

dass ich zur Wahl wie sie tu wähle.

Do neulich vor dem Wahllokal,

als ich noch voll Gewissensqual

war so hin und hergerisse,

weil ich wie sie soll wähle müsse,

seh ich so plötzlich vor mir steh,

ein Wahlplakat der SPD.

Darauf in Schriftgröß, wie'ne Hand,

folgendes geschrieben stand:

Willst sichern Du dein täglich ☐rot,

dann wähle links, dann wähle rot.

Doch willst Du Wurst und Fleisch dazu,

dann wähl dem Kohl sei CDU.

Das tu zu diesem Wahlslong saa,

ich, deine angetraute Fraa.

Den andre, den vom Krafte Walter,

den vergisst mein lieber Alter.

Ich hab dann halt zu guter Letzt,

mein Kreuz wo sie will hingesetzt.

Durch Knopfloch hat mir zugeschaut,

ne Kam'ra, die sie eingebaut.

Hätt ich's so schää bloß wie mei Fraa,

ihr liebe Leit, ich könnts euch saa.

müsst kein Führerschein ich mache

und lernen nicht die schweren Sache

über Regeln vom Verkehr,

die mir fielen ziemlich schwer.

und auch über Schilder alle,

ich wär nicht dreimal durchgefalle.

Und wenn wir fahren dann spazieren,

müsste sie das Lenkrad führen

und ich fuhr dann nebenher

und sie wäre mein Chauffeur.

Während's Auto sie tut lenke,

scharf darüber nach muss denke,

wie kein Unfall sie tut baue,

könnt ich die Landschaft mir beschaue

und wenn wir nach meiner Wahl

Rast machen in'me Esslokal,

dann müsste ich , ich kanns beschwöre

nicht mehr folgendes als höre:

du weißt mein lieber Mann, mein treuer

do drinnen ist's für zwei zu teuer,

d'rum gehe ich allein hinein,

und ess mal gut und trink mein Wein.

Halt Dich am Dös'che Cola heiter,

in gut zwei Stunden fahrn wir weiter.

Hät ich's so schää bloß, wie mei Fraa,

ihr liebe Leit, ich könnts euch saa.

Ich könnt dann abends uff als bleibe,

vorm Fernseh mir die Zeit vertreibe.

Wegen ihr'm Energiesparkoller,

bin ich ein früh ins Bettreintroller.

Damit wir sparn Wärmflaschen ein,

muss ich früh in die Betten rein,

um halberacht, ich lüg do nett,

muss ich hinein in jedes Bett.

Muss die von kalt auf warm dann bringe,

dann erst tun die hinein als springe
mei Kinder und mei lieb Fraa,
so ist es wie's ich eben saa.
Am Schluss von dene Wärmstrapaze,
lieg ich erschöpft auf der Matratze.
Erschoss, zu nix mehr zu gebrauche,
lieg müde ich auf meinem Bauche.
Ach ich bin dann so richtig froh,
dass unsere Kinder sind schon do.

Hät ich's so schää bloß, wie mei Fraa,
ihr liebe Leit, ich könnts euch saa.
Ständ ich nicht in der Bütt dohin,
ich säß in euren Reihen drinn.
Doch weil gestoß ich und geschlage
und darf dazu daheim nix sage,
muss ich bei euch mein Leid mal klage.
Und obwohl ich hab nichts zu lache,
musst ich diesen Vortrag mache.

Helau!

(vorgetragen im Horchheimer Sportheim)

23

Fastnachtsvortrag 1983

Der Lack ist unten, der Lack ist ab,

damit geb ich mich noch lange nicht ab!

Dagegen kämpfe ich an jetzt als Mann,

d'rum steige ich ein in ein Fitnessprogramm.

Doch's Schicksal soll mal da garnit versuche,

d'rum lässt man sich erst von'me Arzt untersuche.

Man lässt sich dort von Kopf bis Fuß sich durchsehe,

ob man das – Trimm dich – auch schadlos bestehe.

So stand ich vor dem Doktor dann,

hat grad noch mei Strümp und eine Unterhos an.

Die Gelenke meint der, tun ganz schön schon knacke,

den ganze Kerl soll man in Fango mal packe.

Der Blutdruck ist für Ihr 60 Johr,

so einigermaße noch halbweg noch klor.

Herr Doktor sagt ich, das wirft mich fast um,

ich bin doch erst um die 50 so d'rum.

Ach, sagt der, wo denken Sie hin,

ich meint doch Ihr Alter und nicht wie lang verheirat Sie sin.

Ihr Herz, meint der dann, macht auch ein paar Mucke,

das tut so komisch bei Ihnen drinn zucke,

gehen Sie net mehr soviel mit andere Frauen mal aus,

und bleiben Sie lieber bei Ihrer zu Haus.

Seit meiner Ehe bin ich keiner mehr nachgerennt,

Herr Doktor sagt ich, ich geh doch net fremd.

Do, sagt der, kumm ich net mehr ganz mit,

für was wollen Sie sich dann mache bloß fit?

So, jetzt tun Sie mal ordentlich puste,

man merkt's, der typische Raucherhuste.

Do hab ich dem gleich wieder gesacht,

ich hab im Leben kaum noch geracht.

Die Züge zusammen geben höchstens Minute.

Vielleicht raucht Ihr Frau daheim als keine Gute

und wenn man den Dampf sein Lebtag verzehrt,

ist man in Ihrem Alter die Hälft bloß noch wert.

Sind Sie denn öfters als bei de Volle,

Ihr Leber ist nämlich ganz schön geschwolle.

Zum Fernsehn trink ich als ein Litterche Wei

und davon kann an meiner Leber nix sei.

Im Irrtum sagt der, sind Sie aber dann,

es kommt auf die richtig Verteilung da an.

Morgens ein Schoppe und mittags ein Schoppe

und abends ein dreiviertel Liter zu Haus,

das hält eine Leber ihr Leben lang aus.

Ihr Kopf, stellt er fest, klingt ein bisschen viel hohl,

aber Sie schaffen beim Staat und dafür langt es ja wohl.

Von allem jetzt das Resümee.

Bei Ihnen tut zur Zeit fast gar nix mehr gehe.

Das gewünscht Fitnessprogramm,

lassen wir gehen schön langsam an.

Zuerst gemütlich durch die Landschaft als bade,

zum Ausgleich ein bisschen Arbeit im Garten,

dann steigern mit ein paar Hoppser und Springe,

vielleicht auch in'me Gesangverein singe.

Jetzt weiter bis so kurz vor dem schwitze,

mit Stein heben und ein paar Liegestützte.

Und wenn dies alles tut leicht dann gelinge,

dann rat ich, fangen Sie an zu schwimme.

Das bringt Sie in Schwung, Sie werden schon seh'n,

zumahl Sie nicht können untergehn.

Die Leere in Ihrem Kopfe dadroben,

die hält Sie im Wasser immer schön oben.

Ich habe befolgt dem Doktor sein Rat,

bin stundenlang übers Gelände gebad.

Als die Kräftigung etwas gelunge,

bin ich im Dauerlauf rum dann gesprunge.

Auf einmal hats mich von hinten gerisse,

so'n Köter hat sich fest an mir verbisse.

Da sagt doch sein Herr, so'n Jäger, so'n Alte,

scheinbar hat der Sie fü'ne Wildsau gehalte.

Der Schreck fuhr mir da vielleicht in die Glieder,

sowas passiert mir so schnelle nicht wieder.

Dass ich die Gefahr rechtzeitig erkenne,

tu ich e ganz Zeit bloß rückwärts noch renne.

Die Fortbewegung fand plötzlich ihrn Stopp,

mir wars, als tritt mir ein Geisbock geh'n Kopp.

Als wir zu zweit uns hoch gerappelt,

hat der andre dann wie folgt gebabbelt:

Enzschuldigen Sie bitte, doch Sie müsse schon wisse,

mich hat einmal ein Hund gebisse.

Sind Sie ruhig, Sie brauchen mir nix mehr zu sage,

und seit der Zeit tun Sie bloß rückwärts noch laafe.

Und was ich jetzt sag, jetzt hört mal gut her,

der andre war unser Gregor, de Lehr,

und weil als beim laafe noch unten sein Blick,

hat der des gekriegt bis heut noch net mit.

Und so hält der sich für Wettstreite fit.

Vom Renne hat ich jetzt wirklich genuch,

mit Badehose und um de Bauch ein Badetuch,

gings beim erste Sonneschei,

nach Herrnsheim in denen ihr Freibad da nei.

Hab mich ins grüne Gras do geflöst,

und dann vor mich dann so hingedöst.

Hab alsmal da in die Sonne geblinzelt

und auch mal nach schöne Mädcher geblinzelt.

Und wie ich da lieg und tu mich so sunne

und denk mir die Fitness, jetzt spür ich sie kumme,

so hört ich's, ich denk erst, ich hätt was am Seier,

hör Opache, her, haben Sie Feier.

Dann denk ich, Mensch Walter, sei doch net so dumm,

in der Nähe liegt sicher ein Alter do rumm.

Doch als ich dann blick vor mir in die Höh,

und sehe zwei Böbcher so vor mir dann steh,

do war's mir auf einmal wie Klosbrüh so klar,

dass ich von denne mit Opa gemeint war.

Vor Wut tu ich mich fast jetzt net mehr kenne,

mir war's fast zum heulen, mir war's fast zum flenne,

schert euch zum Teufel, ihr seid vielleicht zwei Henne,

ein Mann, fit wie ich, do schon Opa zu nenne.

Im Fortgehn sagt die eine zu der anderen dann, gell,

das war auch soo'n altes Knochengestell,

und zudem auf'm Bauch wie'n Aff noch ein Fell,

mit Opa ist dem doch wirklich geschmeichtel.

Jo, meint die andere, ein uraltes Haus,

dem guckt sein Alter aus alle Knopflöche doch raus.

Wenn man so eine Figur tut sehe,

kann einem der Spass an'me Mann schon vergehe.

Stundenlang ist mir das nachgegange,

dann hat ich mich wieder ein bisschen gefange

und bin ins Wasser zum schwimme gegange.

Hab do dann Runde um Runde gedreht,

und mir den Opa selbst wiederlegt.

Und als ich will schwimme wieder an Land,

fühlt ich auf'm Kopp auf einmal a Hand.

Entschuldigung, das ist ja Ihre Melon,

ich glaubte, das wäre ein Luftballon.

So sagt ein kleiner Lauser zu mir,

an Alter war der kaum über vier.

Noch ehe ich das so richtig begriffe,

hat auch schon der Bademeister gepfiffe.

Hör mol do drinn, machen Sie mir kei Bosse

Und schwimme Sie net ohne Ihr Badehose.

Das muss ich Ihnen ganz deutlich jetzt saa,

bei uns gibt's nix do, mit F und KK.

Bademeister ruf ich, ist die Welt dann noch kloor,

mir fehlen uff'm Kopp doch bloß ein paar Hoor.

Es nächst mal tun Sie bitte genauer hinblicke

und halten mein Kopp nicht für mein verlängerte Rücke.

Do druff kommt der erst richtig in Raasch,

entfernt sieht Ihr Kopp aus auch wirklich wie ein ….

Aach übertreiben Sie bei mir net so asch,

und betrachten Sie sich zuerst, erst mal Ihre Visage.

Schluss jetzt do drinn und red nicht so dumm,

künftig schimmen Sie bloß auf Ihr'm Buckel noch rumm.

Verägert bin ich ans Ufer gekrault,

hab tagelang gemosert und auch gemault.

Das Renne, das Schwimme, das tut mir jetzt lange,

ich mein jetzt, ich soll jetzt was andres anfange.

Vielleicht Bier trinke und Stein dazu hebe,

oder Schluck üben mit dem Saft von den Rebe.

Ich muss mich entscheiden, hab nicht mehr viel Zeit,

denn fit will ich bleiben, Ihr dürft glauben, Ihr Leit.

Helau!

(vorgetragen im Horchheimer Sportheim)

Fastnachtsvortrag 1985

Ich muss mich entscheide, habe nicht mehr viel Zeit,

denn fit will ich bleibe, Ihr dürfts glaube, Ihr Leit.

Vor zwei Jahr war ich noch nicht so gescheit.

Ich hab halt drei Töchter und die sind jetzt soweit.

Ich brauch jetzt nicht mehr nachzudenke,

wie ich mich hin zur Fitness lenke.

Wann andre schön vorm Fernseh sitze,

muss ich als um es Haus rum flitze,

um mei drei Töchter zu beschütze,

vor denne Bengel böse Borsch,

vorm Hannes, Heiner oder Schorsch

und wie die alle sonst noch heiße,

ich muss mich do jetzt fast verreiße.

Des Nachts tut mir der Schlaf als weiche,

wann dann die da tun ums Haus rum schleiche.

Wann die ums Haus mit leisen Sohle,

der Deibel tut die mir net hole.

Ich muss da aus dem Haus enaus,

mit meiner Ruh da ist es aus.

Doch sei's vergesse, sei's vorbei,

ach ich hab halt mal jetzt drei,

d'rum kann ich nicht bei jeder sei.

Ich ließ mir d'rum was falle ei,

bevor die ausgehn, mei drei Puppe,

kriegen die als Knochlauch in die Suppe.

Im Umkreis von so drei, vier Meter,

hält das dann ab die Schwerenöter.

Dabei tun mei drei Unschuldsvolle,

nicht wissen was die Borsch do wolle.

Die wenn erst, wie es sich gehört,

kurz vor der Ehe aufgeklärt.

Ja, ich habe da mein Programm,

hab's bedacht von Anfang an.

Damit die drei nicht sitze bleibe,

tat ich do in a List nei schreibe,

Von Knaben zart und brav die Date,

für spätre Heiratskandidate.

70 warn's nach meiner Wahl,

bestes Knabenmaterial.

Der Vater musste schon was sei,

sollt in die List sein Bub do nei.

Wie hoch mei Forderung do war,

an diesem Beispiel wird es klar.

Hätt Domprobst Wolf von Worms ein Junge,

tät in die List dann der vielleicht kumme.

Wollt sicher in die List der nei,

dann müsst der Probst schon Bischof sei.

Gut tat ich die Liste überwache,

wenn einer dreht da krumme Sache

und ging nicht brav mit Mutti raus,

dann flog der aus der Liste raus.

Mit dem Kuli in der Hand,

hielt ich die List auf neustem Stand.

Ein halbes Jahr ist jetzt vorbei,

do sagt ich, kommt mal er ihr drei.

Ich muss euch etwas anvertraue,

es gibt auch Männer neben Fraue.

Und ich tu's euch gleich benenne,

an was man die kann tue erkenne.

Männer müssen sich rasiere,

Frauen tun sich gern frisiere.

Und so ist es auf der Welt,

Männer verdienen für Frauen es Geld,

damit die schöne Kleider kaufe,

und schick als in der Stadt rum laufe.

Und dass sie's kann ihr Leben lang,

d'rum nimmt e Frau sich halt ein Mann.

Dann noch, an some Mann,

ist ein Stückchen mehr schon dran.

Genauer braucht ihr's nicht zu wisse,

ihr tut da wirklich nichts vermisse.

So habt ihr genug gehört

und jetzt do seid ihr aufgeklärt.

Das bisschen, was jetzt tut noch fehle,

das kann ich später euch erzähle.

Dann legt ich meine Liste aus,

so jetzt sucht euch Einer raus.

Und schon sprechen die Drei wie Einer,

davon gefällt uns aber keiner.

Und wann wie früher drohst mit Stock,

auf die da hab'n wir kein Bock.

Kein Bock, was soll dann das vielleicht hase,

red ich von Viehzeug, vielleicht von Gase.

Und wieder aus der Münder alle,

Papa, tu doch net so schwalle,

von denen tut uns keiner gefalle.

Ach hätten die's doch bloß begriffe,

do wär'n die heut schon halb vergriffe.

Die war'n im Schutz von brave Männer,

nie mehr bedroht von denne Penner,

die weiter bei uns rum do schleiche,

ich brauch die nimmer zu verscheiche.

Vor kurzem nachts hab's ich verspürt,

da draußen hat sich was gerührt

und mit der Latte in der Hand,

bin ich some Wese nachgerannt.

Ich hintennach und immer schneller,

die Zung, die hängt mir raus wie'n Teller.

Und wie ich kurz war vor'm verreiße,

tu ich die Latte noch dem schmeiße.

Dann kann ich bloß noch schnaufe, schnaufe,

und lass den vor mir laufe, laufe.

Am nächsten Tag, hätt's nicht geahnt,

kommt unser Kater angelahmt.

Er guckt mich an ganz vorwurfsvoll,

alls ob r mir grad sage woll,

Mensch, heute nacht do warst du doll.

Das Ganze war mir jetzt zu bleed,

Fallgruben hab ich angeleed,

damit die Deibel fallen rinn,

am Schluss lag unser Oma drinn.

Es war passiert im späte Summer,

do kam sie spät von owe runner,

mit ihr'n Gedanke ganz entrückt,

weil sie uns mit Besuch beglückt

und kam dann ab vom Gartenpfad

und ist dann in die Grub gebad.

Ich hör sie heut als Nachts noch schreie

und seh sie in der Grub drinn leie.

Zu sechst haw'n wir sie rausgehowe

und trugen sie dann heim nach owe.

Drei Tage ging's oh jemmineh,

dann war sie wieder fit wie eh.

Mir schlug das länger auf den Magen,

konnt lange Zeit nur Brei vertragen.

Dann sagt mei Frau in Ihrer Ruh,

jetzt hör mir doch jetzt einmal zu,

jetzt tu dich doch mal wieder fange,

egal wie das wär ausgegange,

so oder so, doch nicht so schlimm,

sie ist in're Lebensversicherung hoch drinn.

Gab das mit der Oma ein Desaster,

hätten wir doch jetzt den Zaster.

Wann das mit der Oma schief wär geloffe,

hätt mich das auch ziemlich getroffe.

Doch die Oma, die könnte sich droben

von Wolke zu Wolke jetzt schwinge,

und dazu mit Engel ganz herrlich

im Wettstreit Halleluja singe.

Und wir wär'n mit den Finanzen

nicht mehr so blank und weit hinne.

Doch, dass niemand tief muss falle,

schippst du jetzt zu, die Löcher alle

und um zu schütze die drei Mäd,

ziehst du do ei jetzt Stolperdräht.

Ich zog die ein versteckt ins Gras,

nachts flog ich selber auf die Nas.

Ich glaubt, ich hätt den schon erwischt,

dann ist der mir halt doch entwischt.

Das war vielleicht ein Spurt ein schnelle,

der vor mir her wie'ne Gazelle,

da tun mei Dräht mich selber fälle.

In meinem Kopp hat's vielleicht gewittert,

die Brill war auf der Nas zersplittert

und auf dem Hirn a rieße Baus

und seit dem setzt's bei mir als aus.

Doch einmal hat es dann geklappt,

do hat ich wirklich einer g'schnappt.

Ein Gefühl war das, ich kann's euch sage,

als der zuerst mich hat am Krage.

Ich rumm, hab dem eine geleiert

und auch dann noch ans Bein gefeiert.

Als ich'n schnappen will am Binder,

klappt der zusamm wie'n Klappzylinder.

An seinem Gejammer wurd mir klar,

dass das kein Unbekannter war.

Ich schaute mir'n d'rum näher an.

Mensch, sag wie kommst denn du hierhin?

Du kennst mei jüngst, die Karolin,

die ist zur Zeit mal wieder in.

Du kannst zufrieden sein und froh,

zu mir sind die Bursch umgezoh.

Du kannst jetzt ruhig im Bettche penne

und ich muss denne noch als renne.

Am ….. Hirn …. a Baus …..

jetzt setzt's bei mir grad wieder aus.

Ich weiß do kei Zeil mehr leider,

nächst Jahr vielleicht geht's wieder weiter.

Helau!

(vorgetragen im Horchheimer Sportheim)

36

Zusammengereimtes (1985)

Es war mol überall bekannt,

wir warn einmal ein braves Amt.

An Alkohol, das war doch klar,

im Amt kaum was zu finden war.

Auf seinem Stuhl tat jeder sitze,

und tat vor seiner Arbeit schwitze.

Und tat einen der Durst mal plagen,

tat man an Tee sich dann als laben.

Nur wenn mal war ein Festchen hier,

gab's auch mal dann ein Fässchen Bier.

Da warn so 15 Liter drinn,

die warn für alle Leut dohin.

Geburtstag ist einmal im Johr,

drumm kamen Festchen selten vor.

Auf einmal, plötzlich, über Nacht,

kam ein ganz schlimmer Verdacht.

Nämlich hat sich herumgesprochen,

dohin wird scheinbar viel gesoffen.

Und das sogar, soviel man weiß,

in einem mehr Personenkreis.

Die Amtsspitz suchte oben, unten,

und hat die einfach nicht gefunden.

Dann sucht sie weiter vorne, hinten,

die Bursch warn einfach nicht zu finden.

Sucht man sie hier, so warn sie dort

und tranken da in einem fort.

Sucht man sie dort, so warn sie hier

und tranken flaschenweis das Bier.

Oft hörte man ihr fröhlich Lachen,

trotzdem warn die nicht auszumachen.

Auch ich könnt glaub ich heut nicht sa,

wo die gepitcht und wer das war.

Das rauszukriege war halt schwer,

man dacht drum hin,

mach dacht drum her.

Dann kam man oben an der Spitze

auf folgende Gedankenblitze.

Vielleicht tun die, man kann's nicht wisse,

als trinke bei Geschäftsabschlüsse.

Weiter dachte man dann hier,

Kaffee ist so braun wie Bier.

Vielleicht tun die, es wär kaum zu fasse,

Bier trinke als aus Kaffeetasse.

Drum ne Verfügung kam heraus,

mit Geschäfte mache ist es aus,

sein Kaffee trinkt ein jeder hier,

auf seinem Platz, so wie einst früher.

Betroffen warn, ihr wisst es all,

da warn der Groß und auch der Karl.

Die mussten ihr vertraut Getränk,

kredenzt jetzt krieg von andre Händ.

Der Erfolg jedoch blieb aus,

denn über dem Dreiämterhaus,

schwebte fröhlich und auch heiter,

die Bierdunstglocke lustig weiter.

Das fand man jetzt gar unerhört,

drum hat man nun ganz unbeschwert,

all über einen Kamm geschert.

Jetzt wurde gleich das ganze Amt,

zur Alk-hol-Abstinenz verdammt.

So mancher, der hier nie gesoffe,

reagierte jetzt betroffe.

Denn diese mustergültig, brave,

kamen sich jetzt vor wie Schafe.

Durch das Verbot wurd denen klar,

dass trinken als erlaubt hier war.

Mancher errechnete jetzt scharf,

seinen Trinknachholbedarf.

Auch ich tat es und kam dabei,

aufs Jahr Zweitausend-zehn und drei.

Vielen schlug dies auf den Magen,

können hier nichts mehr vertragen

und lädt zu einem Fest man ein,

steht man dann hier fast ganz allein.

Doch es geht ein Spruch auf Erden,

Kranken soll geholfen werden.

Nimmt Medizin in Maß man ein,

folgt die Gesundheit hintendrein.

Und wir wissen's von den Alten,

die hat Wein und Bier erhalten.

Denkt man so darüber hin,

sind Wein und Bier doch Medizin.

Und soweit mir ist bekannt,

wurd Medizin hier nie verbannt.

Allen die da schwach im Magen,

kann ich daher heut nur raten.

Wollt im Magen ihr gesunden,

lasst euch Wein – Bier maßvoll munden.

Dann wird's bald überall bekannt,

wir sind wieder ein braves Amt.

Helau!

(vorgetragen im Straßenneubauamt Worms)

Die Singstunde (1986)

Ist die Woch schon fast verfloh

und der Donnerstag ist do

und es ist so halb vor acht

sich jed Sänger fertig macht.

Er lässt dann Weib und Kind allei

und geht dann in sei Singstund nei.

Ins Sportheim auf die Sängerbühn,

do zieht es ihn ganz mächtig hin.

Er, unser aller Gregor Lehr,

do steht er vor uns ewig jung,

wir wie Würstchen um ihn rum.

Um acht tun wir doch singe wolle,

fängt Gregor do jetzt an zu grolle.

Wo bleibt ihr denn, ihr Schwerenöter,

schon wieder 12 Minuten später.

Do howe fehlt ein ganzer Haufe

und in der Wirtschaft tun die saufe.

Bloß um ihr staubig Kehl zu öhle,

tun die die Pünktlichkeit verfehle.

Ihr seid, ich bring es auf den Nenner,

ihr seid ein Chor von Hampelmänner.

Jetzt still im zweit Tenor do hinne,

wir fangen gleich jetzt an zu singe.

Auch ihr im 1. Bass ihr Ratsche,

hört jetzt endlich do mol uff zu quatsche.

Archivare holt hervor,

den Donner, unser Wettstreitchor.

Bevor wir singen doch zuvor,

Sänger leiht mir euer Ohr.

Der Donner, der g'hört so gesunge

so fabelhaft gehört der brunge,

dass die, die'n hör'n, ich mach kein Witz,

nach dem Donner warten auf den Blitz.

Erst zähl ich eins, dann zähl ich zwei

und wann ich drei zähl setzt ihr ei.

Halt! Tut ihr ein Schlaflied singe,

flott und rhythmisch muss es klinge.

Was seid ihr denn für lasche Flasche.

Vor lauter Lahmärsch steh ich do,

wo andere Glut und Feuer

habt ihr bloß nasses Stroh.

Ein Veitstanz lasst ihr mich aufführe

und bei euch tut sich gar nichts rühre.

Ein Blick zu mir fällt euch nicht ein,

glotzt bloß in eure Note rein.

Wann ich die Aphold Hedwig wär,

dann tät ihr gucke vielleicht do her.

Von vorne eins, zwei, drei, los setzt ei!

Halt! Ist euch es Hirn geklaut,

jetzt singt ihr rhythmisch, doch zu laut.

Da oben steht pia-hano

und ihr, ihr brüllt fortissimo.

Wenn ihr so singt bei Lieb und Maid,

dann springt die fort, Gott weiß, wie weit.

Von vorne, eins, zwei, drei, los setzt ei.

Halt! In eure Rippen könnt ich boxe,

ihr singt doch hinten nach, ihr Ochse.

Do ihr im 1. Bass wie blöd,

kommt glatt ein fünftigstel zu spät.

Von vorn, eins, zwei, drei, setzt ei!

Halt! Wie grausam für mein Ohr,

es singt einer falsch im zwei Tenor.

Wen wundert's, dass ich werde blass,

der Kerl, der singt doch Schusterbass.

Die Töne von dem Schlappeflicker,

das sind so richt'ge Ohrenzwicker.

Noch eines muss ich gleich mol sa,

anstell von G singt man CH.

Doch gilt das nur wenn's G steht hinne,

vorn im Wort müsst's G ihr bringe.

Dort kein CH um keinen Preis,

wie klängt sonst's Lied von Wolf und Geiß.

Von vorne, eins, zwei, drei, los setzt ein!

Halt! Jetzt klingt des ganz verschwumme.

Der zweite Bass schafft's nicht nach unne.

Wer's kann, soll halt von hinne brumme.

Doch wünsch ich mir auf jeden Fall,

keinen plötzlich lauten Knall.

Lang gestreckt sein muss der Ton,

wenn auch leidet das Ozon.

Singt zusammen dann der Chor,

klingt's wohlgefällig dann im Ohr.

Drum sag ich's euch, tut's nicht vergesse,

vorm Auftritt müsst ihr Zwieble esse.

Fürm erst Tenor sei Fisteltöncher,

do langt ein Teller Supp mit Böncher.

So, weiter eins, zwei, drei, los setzt ei!

Halt! Hätt ich noch Hoor, müsst ich die raufe,

mittig im Satz dürft ihr nicht schnaufe.

Wann's Brüst'che nicht mehr langt zum singe,

dann holt die Luft halt doch von hinne.

Wie's geht, sei euch auch gleich erklärt,

wie's brumme geht's, bloß umgekehrt.

Jetzt setzen die Tenöre ei,

Kinder macht die Kehle frei.

Los mit Schwung eins, zwei und drei,

was ist denn das für Knödelei.

Man meint do grad aus eurem Mund,

springen Knödel dick und rund.

Dazu fällt mit gerade ein,

das soll euch eine Warnung sein.

Wie war denn die Geschichte noch,

der Onkel war's von Hesseloch.

Dem kamen auch als wie genudelt,

die Knödel aus dem Hals gesprudelt.

Dabei hat der, welch bittres End,

es Aug vermatscht vom Dirigent.

Kommt einer nicht gut in die Höh,

dann tret dem auf die klein Zeh,

am besten gleich auf's Hühnerach,

dann kriegt der's hohe C danach.

Die erst Zeil, so, die habt ihr drinn,

die nächst Woch muss die zweit Zeil rinn.

Doch um geschmeidig euer Stimm zu bringe,

tut bitte Mi-Ma-Mo jetzt singe.

Als wir's zum 11-mal gesunge,

kam Seppel durch Tür gesprunge.

Bis in die Wurstküch sind die Tön gedrunge,

bis nach Worms klangs über Felder,

wie von hormongespritzten Kälber.

Ich macht mich den Tön nach auf die Sohle,

um gutes Schlachtvieh mir zu hole.

Und jetzt, da sehe ich mich wieder,

bei euch ihr lieben Sangesbrüder.

Ich sag's, ich tu es nicht verhehle,

wem Geschäft tat ich hier anfangs fehle.

Scheiß Geschäft, hat unser Gregor da gebläfft,

babbeln Sie kein Stroh,

es nächst mal sind Sie pünktlich do!

Für heute machen wir nun Schluß,

ich sag es euch, das ist kein Stuss.

Heut war das nur der Anfang bloß,

es nächstmal geht's erst richtig los.

So, die Singstund ist jetzt aus,

eins drückt mich noch, des muss noch raus.

Die Wörter, die so deftig rund,

ich gelegt in Gregors Mund.

Die hat er wirklich nie gesagt,

sei Sprach ist lieblich brav und zart,

passt in ein Mädchenpensionat.

Die Wörter, die nicht ganz so fein,

hab ich verwendet bloß wegem Reim.

Helau!

(vorgetragen im Horchheimer Sportheim)

46

Fastnachtsvortrag 1987

Elf zwanzig Jahr, ganz ohne Frage,

zwanzig Jahr hat ich es sage.

Das soll jetzt anders wärre,

tut mir mei Fraa ins Ohr nei plärre.

Verwirklichend will ich mich rühre,

ich will mich jetzt emanzipiere.

Ich will jetzt an's sage ran.

Ab jetzt hab ich die Hosen an.

Ich will mich do nicht lange winde

und tu dir mein Entschluss begründe.

Ich sag es dir, begreif es ebe,

in dir ist nicht mehr viel Lewe.

Die Luft ist aus dir ziemlich raus,

es langt grade noch in unserm Haus,

für dich als mickrich graue Maus.

Ja, du alter Auerhahn,

du hast dei möglichstes getan,

jetzt bist du halt ein bisschen lahm.

Ich, die Fraa sags und bekenns,

sei bloß froh, dass du bist ein Mensch.

Stammst ab vom Hom von Sapiens,

wärst du vom lieben Federvieh,

wärst grad noch gut für Hühnerbrüh.

Früher sagst, Fraa bist du schee,

für dich lass ich ein Rumpstück steh.

Doch heut ist falsch gepolt dein Hunger,

jetzt mamscht du das Rumpstück nunner.

Die Hitz in dir ist wirlich arm,

du bringst es Bett mir nicht mehr warm.

Im Bett brauchst du an jeder Eck

zum aufwärme a Heizeldeck,

drum fahr ich von dir Eisblock weg,

in Süden mit me Jumbojet.

Was du nicht kannst, du alter Affe,

das wird halt dort die Sonne schaffe.

Heut bist du nicht mehr Schwerenöter,

heut hast du an die Liebestöter,

heut hast du an 5 lange Pumper

und 6 kurze noch darunter.

Bist du die hast ausgezoge,

ist mir der Appetit verfloge,

und steh'st vor mir so ganz vom Fleische,

tät ich auf Andre es liebst ausweiche.

Auf dich fehlt mir dann ganz des Biss,

ich merk wie schön dann gegen dich,

der Didi unser Briefbot is.

Ich brauch kein Wecker, ich tu's babble,

mir langs wann morgens dei Knoche rapple.

Und wanns dazu auch noch wird hell

und ich seh dich rappliches Gestell,

dann tut der Schlaf vergehn mir schnell

und noch ein Rat, lass den dir sache

wann ich als zu de Geschäfte laafe

um Fressalien einzukaafe

und du bist allein zu Haus,

dann trau dich bloß do nicht hinaus,

denn jeder Hund der kommt gekroche,

der hält dich für ein Subbeknoche.

Jawohl, ich sag's zu dir, jawohl,

dein Kopp der ist jetzt ziemlich hohl.

Und dir geht's wie's geht de Alte,

du kannst fast gar nichts mehr behalte.

Lass ich dich heut mal wirklich laafe,

dann bringst bestimmt o gitt o gitt

anstell von Butter Schmierseif mit.

Tu ich zum Metzger dich einwinke

und sag, kaaf uns mal Schweineschinke,

dann bringst du wie ein dummes Gäns'che

anstell vom Schinke nur es Schwänz'che.

Wann ich zum Doktor dich heis gehe,

dass der nach deiner Gesundheit sehe,

dass die dir's Schicksal nicht verpatzt,

dann land'st bestimmt beim Frauenarzt.

Bescheid weißt's nicht mehr übers wie,

due meinst, du könnst die Kinder krie.

Erwischt dich ganz so'n Tag so'n äbsche,

dann hälst dich glatt als für ein Mädche.

Und tust als wie ein Rab tut's klinge,

dazu noch letzte Rose singe.

Ich muss allein ins's Schwimmbad geh,

denn die Figur kann keiner seh,

Wann schwarz gebrannt du wie ein Mohr,

siehst aus wie'n wandelt Ofenrohr.

Sogar die Sonn, die kriegt ein Schreck,

weil bei dir bleibt der Schatten weg.

Beim Autofahren tu ich's spüre,

du kannst kaum noch's Lenkrad führe,

drum mache ich mein Führerschei,

und dich, dich pack ich hinten nei,

und fahr dich ins Museum rei.

Dort kannst Du mit deim schiefe Lache,

tagsüber als die Mumie mache.

Erst fielen dir die Haare aus,

jetzt purzeln die die Zähne raus,

jetzt kannst du nicht mehr nage, beise,

vorkauen muss ich dir die Speise.

Ach, mir wird es do jetzt schon schlecht,

wann ich bloß denk an's Osterfest.

Bis vorgekaut ich jedes Ei,

ist's Osterfest 8 Tag vorbei.

Früher führste als im Haus,

kleine Reparature aus.

Doch heut, ich kann ein Lied'che singe,

weißt du nicht mehr was vorne, hinne.

Die Lichtbirne von Osseram,

die meinst du, wachsen auf em Baam

und krankt einmal der Wasserhahn,

dann kommst du mit dem Beilche an

und willst den gleich auch köpfe nun,

weilst meinst, es wäre der Mann vom Huhn.

Und sollst mal tapeziere du,

dann klebst du gleich die Fenster zu

und hälst dich auch noch für ein Ass,

weil besser isolieren tät das.

Vor kurzem hat der Tisch gewackelt,

da hast du gar nicht lang gefackelt

und robst des vierte Tischbein raus,

sagst noch, kapiere doch mei Maus,

bei drei Bein setzt das wackle aus.

Wann früher du auf Fassenacht,

einen Vortrag hast gemacht,

wurd hier und da auch mal gelacht.

Gehst heut du in die Bütt anei,

fällt dir doch gar nichst mehr als ei.

Über die geschraubte Sache,

muss doch heut kein Mensch mehr lache.

Drum bleibst du aus der Bütt da haus,

wer lacht, der lacht dich höchstens aus.

Zum was mei Fraa sagt, muss ich steh,

drum tu ich auch hier gleich raus geh,

ohn, dass ein Vortrag ich gemacht.

Hab nur gesaht, was sie gedacht,

gut Nacht, helau du Fassenacht.

Helau!

(vorgetragen im Horchheimer Sportheim)

Danksagung:

Ich bedanke mich bei meiner Tochter Petra und meinem Sohn Robert, welche meine von Hand geschriebenen Vorträge elektronisch weiterverarbeitet haben.